글 조병영

고려대학교를 졸업하고 미국 메릴랜드 대학교에서 읽기 교육으로 박사 학위를 받았습니다.
미국 아이오와 주립 대학교와 피츠버그 대학교에서 교수로 재직하며 읽기와 문해력에 관한
다양한 국제 연구를 진행했습니다. 현재는 한양대학교 국어교육과에서 예비 교사들을 가르치고 있습니다.
지은 책으로 『기울어진 문해력』, 『읽는 인간 리터러시를 경험하라』, 『학교를 삶으로』, 『읽었다는 착각(공저)』,
『생각을 건너는 생각(공저)』 등이 있고, 『어린이를 위한 디지털 문해력』은 첫 어린이책입니다.

그림 이리

시각디자인과를 졸업하고 그래픽 디자이너로 일하다, 그림책 작가가 되었습니다.
정 많고 흥 많은 가족, 고양이들과 함께하는 소소한 일상을 그려 나갑니다.
짓고 그린 책으로 『시무룩해, 괜찮아』, 『녀석이 다가온다』가 있고, 사랑하는 풍경을 담뿍 담아
첫 어린이책 『어린이를 위한 디지털 문해력』을 그렸습니다.

인스타그램 @simulook_press 🏠 eeree.kr

펴내는 글

우리는 어떻게 모르는 것을 새롭게 알게 될까요? 우리가 아무리 부지런히 움직여도 세상 모든 사람을 만날 수 없고 세상 모든 곳을 가 볼 수도 없기에, 직접 움직이지 않아도 다른 사람을 만나고 다른 세상을 경험할 수 있는 '창문'이 필요합니다. 글을 통해 좋은 생각과 생생한 경험을 전해 주는 책처럼요.

요즘에는 '디지털 미디어'라는 창문으로도 사람과 교류하고 세계를 경험합니다. 디지털 미디어는 신기하기도 하고 재미있기도 해요. 어른 아이 할 것 없이 시간 가는 줄 모르고 디지털 미디어를 들여다보지요.

하지만 세상이 항상 좋은 것만 가득하고 기쁜 일로만 넘쳐나지는 않듯이, 디지털 미디어도 좋기만 한 것은 아닙니다. 길을 건널 때 좌우를 잘 살핀 후 조심해서 건너야 하는 것처럼, 디지털 미디어에서 글을 읽고, 사진을 보고, 친구들과 이야기할 때도 주의해야 할 것들이 있지요. 내가 누구와 무엇을 어떻게 왜 하고 있는지 스스로 살펴야 하고, 필요한 정보를 찾아서 읽을 수 있어야 하고, 좋은 정보를 친구들에게 나누어 줄 수 있어야 하지만, 동시에 소중한 개인 정보를 간직하는 일, 메시지를 주고받을 때 상대의 마음을 헤아리는 일을 소홀히 해서도 안 돼요.

『어린이를 위한 디지털 문해력』은 어린이들이 디지털 세상에서 조금 더 유익한 시간을 보내는, 따뜻하고 명랑한 사람이 되도록 도와줍니다. 디지털 미디어와 친해지는 법, 거짓 정보에 속지 않는 법, 안전하게 인터넷 사용하는 법, 현명한 디지털 시민이 되는 법을 멋진 그림과 맛난 글로 알려 주지요. 더불어 이 책은 어린이가 섬세한 그림을 보며 풍부하게 생각하고 질문하는 기회를 만들어 줍니다. 글을 읽으면서 자신의 생각과 비교해 보는 사고력, 그림과 글을 연결하면서 새로운 생각을 만들어 내는 창의력도요. 이 책은 어린이들이 친구 또는 어른과 함께 경험을 나누는 놀이터이자 디지털 미디어를 진지하게 바라보는 '생각의 근육'을 키워 나갈 수 있는 교실입니다. 이 책을 다 읽고 나면 아이의 디지털 미디어를 잘 이해하고 사용하는 힘, 더 나아가서는 디지털 미디어로 세상을 잘 판단하는 힘이 쑥쑥 자란 게 느껴질 거예요.

이 책은 어린이를 위해 만들어졌지만, 실은 중고등학생, 심지어 대학생이나 어른에게도 정말 많은 생각거리를 안겨 준답니다. 아이와 함께 진지하게 책을 읽어 주세요. 이 책을 통해 디지털 미디어로 세상을 읽는 힘, '디지털 문해력'을 길러 보시기 바랍니다.

2025년 3월, 조병영

이렇게 읽어 주세요

하나 그림을 마음껏 감상해요

"이 그림은 무슨 뜻이지? 주제와는 어떤 연관이 있을까?"
그림을 보며 떠오르는 생각을 자유롭게 나누어요.

둘 만화와 설명 글을 소리 내어 또박또박 읽어요

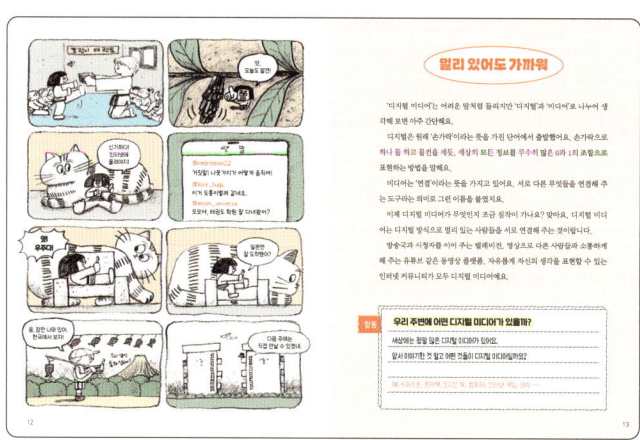

모모의 이야기를 담은 만화와 조병영 교수님의 꼼꼼한 설명을 큰 소리로 읽어 보아요.
내가 겪었던 비슷한 일을 떠올리면 더욱 좋아요.

셋 💬 활동으로 디지털 문해력을 몸에 익혀요

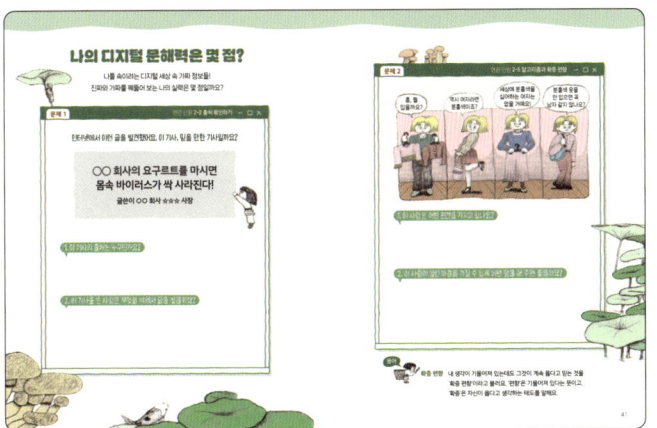

재미난 활동으로 나의 디지털 문해력을 점검해 볼까요?
디지털 문해력 전문가가 되면 더욱 신나는 디지털 생활을 즐길 수 있어요.

부모님께

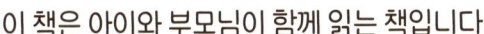

이 책은 아이와 부모님이 함께 읽는 책입니다.
부모님과 함께 독서하는 경험은 독서에 대한 긍정적인 인식을 심어 줄 뿐만 아니라, 아이의 문해력 향상에도 큰 도움이 됩니다.
아이와 함께 책을 읽을 때는 아래 내용을 꼭 기억해 주세요.

1. **아이가 소리 내어 읽는 모습을 관찰하세요.** 발음, 읽는 속도, 목소리의 높낮이, 글의 의미를 이해하고 느낌을 살려 읽는지를 보면 아이의 문해력 수준을 알 수 있습니다.
2. **아이가 생각을 말로 표현하도록 도와주세요.** 생각을 말로 표현하는 것은 메타 인지 능력을 높여 줍니다. 아직 서툰 아이에게는 부모님이 먼저 시범을 보여 주세요.
3. **지속적인 대화를 통해 아이의 반응을 유도하세요.** 대화는 가장 중요한 학습 수단입니다. 이때 원하는 정답을 아이에게 강요하거나 먼저 제시하기보다, 아이가 스스로 생각하고 대답할 수 있도록 충분히 기다려 주세요.

차례

펴내는 글 · 2

이렇게 읽어 주세요 · 4

 ## 1장 디지털 미디어와 친해지기 · 8

1 디지털 미디어 알기 디지털 미디어 넌 누구냐!
2 디지털 문해력 알기 디지털 문해력이 뭐야?

 ## 2장 인터넷에 속지 않으려면 · 18

1 효율적으로 검색하기 내가 찾는 건 이게 아니야
2 능동적인 콘텐츠 읽기 소문을 그대로 믿어도 될까?
3 출처 확인하기 소문의 시작은 누구?
4 여러 사이트 비교하기 하나만 읽으면 모든 것을 알 수 있을까?
5 알고리즘과 확증 편향 보는 것에 따라 내 마음도 변한다고?

활동 | 나의 디지털 문해력은 몇 점?

3장 인터넷, 안전하게 사용하자 · 42

1 콘텐츠 등급 어느 것을 봐야 할까?
2 저작권 지키기 남의 것이 좋아 보일 때
3 악플에 대처하기 나를 공격하는 못된 말들
4 디지털 초상권 모두가 나를 알아봐
5 개인 정보 보호하기 내 정보가 줄줄 새고 있다!
6 스팸 메일과 피싱 범죄 띵동! 미끼가 도착했습니다

활동 | 안전한 디지털 생활을 위한 체크리스트

4장 우리는 현명한 디지털 시민 · 70

1 미디어 습관 바로잡기 누가 나 좀 멈춰 줘!
2 디지털 정체성 어떤 게 진짜 내 모습일까?
3 콘텐츠 크리에이터 되기 나도 디지털 세상에 뛰어들 수 있을까?
4 인터넷 예절 지키기 보이지 않으면 알 수가 없어
5 미디어 속 혐오 남을 미워하게 만드는 말
6 디지털 시민 참여 세상을 바꾸는 인터넷
7 삶과 미디어의 균형 슬기로운 미디어 생활, 최고의 비결은?

활동 | 우리 가족 스마트폰 이용 규칙

디지털 세상 지킴이 임명장 · 103

1장
디지털 미디어와 친해지기

멀리 있어도 가까워

'디지털 미디어'는 어려운 말처럼 들리지만 '디지털'과 '미디어'로 나누어 생각해 보면 아주 간단해요.

디지털은 원래 '손가락'이라는 뜻을 가진 단어에서 출발했어요. 손가락으로 하나 둘 하고 물건을 세듯, 세상의 모든 정보를 무수히 많은 0과 1의 조합으로 표현하는 방법을 말해요.

미디어는 '연결'이라는 뜻을 가지고 있어요. 서로 다른 무엇들을 연결해 주는 도구라는 의미로 그런 이름을 붙였지요.

이제 디지털 미디어가 무엇인지 조금 짐작이 가나요? 맞아요, 디지털 미디어는 디지털 방식으로 멀리 있는 사람들을 서로 연결해 주는 것이랍니다.

인터넷으로 뉴스를 전달하는 방송이나 신문, 영상으로 다른 사람들과 소통하는 유튜브 같은 동영상 플랫폼, 자유롭게 자신의 생각을 표현할 수 있는 인터넷 커뮤니티가 모두 디지털 미디어예요.

활동

우리 주변에 어떤 디지털 미디어가 있을까?

세상에는 정말 많은 디지털 미디어가 있어요.

앞서 이야기한 것 말고 어떤 것들이 디지털 미디어일까요?

예) 스마트폰, 전자책, 오디오 북, 컴퓨터, 인터넷 게임, SNS……

2 디지털 문해력 알기

안락사 앞둔 유기견 도롱이
명예 경찰관 임명되다

봄을 알리는 도롱뇽이에요.

디지털 문해력이 뭐야?
옛날엔 비올 때 도롱이를 썼대

나는 차주머니나방.

생태 학교에서 도롱뇽 알을 만져 봤어요.

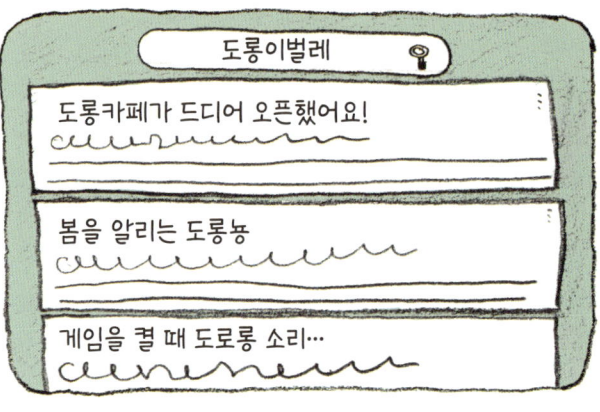

잘 읽고 잘 쓰는 힘

'문해력'은 무슨 글이든 잘 읽고 이해하는 능력을 말해요. 문해력이 좋은 사람은 책도 잘 읽고, 글도 잘 쓰고, 자신이 읽은 내용을 다른 곳에도 잘 적용할 수 있어요. '디지털 문해력'이 디지털 미디어를 가지고 잘 읽고 쓸 수 있는 힘이라는 건 따로 설명하지 않아도 알겠지요?

디지털 문해력의 기본은 '정확하게' 읽고 쓰는 거예요.

정확하게 읽고 쓰는 것은 내가 보고 있는 글이나 사진, 영상 같은 '콘텐츠'가 좋은 콘텐츠인지 아닌지 스스로 질문해 보는 일과 같아요.

디지털 문해력이 정말 뛰어난 사람은 거기에서 멈추지 않고, 콘텐츠를 읽고 쓰면서 다른 사람의 마음을 헤아리고 기분을 살피는 데까지 나아가요. 이런 사람은 우리가 사용하는 디지털 미디어가 모두의 것이라는 생각을 결코 잊지 않지요. 이처럼 디지털 문해력을 갖추면 진지하면서도 명랑한 사람이 되어 좋은 디지털 세상을 만들 수 있답니다.

여러분도 그런 사람이 되고 싶다고요? 지금 당장 실천할 수 있는 방법을 알려 줄게요.

우선 인터넷을 사용할 때 어떤 콘텐츠든 정확하게 읽고 쓰는 연습을 해 보세요. 내가 읽는 것이 믿을 만한 것인지, 내가 쓰는 것이 옳은 내용인지 마음속으로 꾸준히 질문해 보는 거예요.

그리고 '이 콘텐츠를 볼 다른 사람의 마음은 어떨까?'까지 생각해 볼 수 있다면 당신은 이미 디지털 문해력 대장!

2장
인터넷에 속지 않으려면

자세히 더 자세히!

인터넷에는 정보가 많아도 너무 많죠? 내가 원하는 것을 한 번에 찾는 일이 절대로 불가능해 보일 정도로요. 이렇게도 검색해 보고 저렇게도 검색해 보는데, 항상 내가 정말 찾고 싶은 것은 나오지 않잖아요.

그럴 땐 먼저 내가 찾으려는 것이 무엇인지 곰곰이 생각해 보세요.

곰 인형을 찾는다고 해 볼까요? 가장 먼저 할 일은 내가 원하는 곰 인형의 색깔은 무엇인지, 털의 길이나 느낌은 어떤지, 또 옷은 어떻게 입고 있으면 좋을지 등의 특징을 최대한 자세하게, 찬찬히 떠올려 보는 거예요. 검색창에 더 구체적인 내용을 입력할수록 내가 원하는 결과를 얻을 가능성도 높아지거든요.

표현을 조금씩 바꾸어 검색해 보아도 좋아요.

처음에 '긴 털 곰 인형'을 찾다가 실패했다면, 다음에는 '털이 북슬북슬 부드러운 곰 인형'을 검색해 보세요.

첫 시도로 내가 원하는 결과를 얻지 못했다고 해서 실망할 필요는 없어요.

내가 원하는 걸 구체적으로 생각해 보고, 몇 번 더 시도하다 보면 좋은 결과를 얻을 수 있을 테니까요.

때로는 내가 찾고 싶은 것이 뭔지 잘 떠오르지 않을 때도 있어요. 그럴 땐 '연관 검색어'를 따라 인터넷을 탐험해 보세요! 어쩌면 '말하는 곰 인형'이나 '춤추는 곰 인형'처럼 내가 한 번도 생각하지 못했던 기발한 곰 인형들을 찾을 수 있을지도 몰라요.

2 능동적인 콘텐츠 읽기

재아 너도 반디 풍선 받았네?

아, 응.

넌 연잎 파워 안 해? 반디 풍선은?

이것만 있으면 천재가 될 거야.

소문을 그대로

정말로 저런 효과가 있다고?

믿어도 될까?

무언가 이상하다면

〈세계 최초 발견! 반려동물로 딱 좋은 손바닥 하마〉

이런 기사를 보면 어떻게 말할 것 같은가요?

"이거 정말일까? 세상에 손바닥만 한 하마가 있단 말이야?"

그런 생각이 드는 게 당연해요. 여러분은 이미 어른 하마의 몸집이 자동차만 하다는 사실을 알고 있을 테니까요.

이렇게 내가 이미 알고 있는 지식을 '배경지식'이라고 해요.

새로 알게 된 정보가 사실인지 궁금할 때는 여러분이 가진 배경지식을 활용해 질문을 던져 보세요.

배경지식은 좋은 질문을 만드는 재료예요. 내가 알게 된 것이 믿을 만한지, 어떻게 하면 더 잘 이해할 수 있을지 배경지식이 그 길을 알려 줄 거예요.

끊임없이 질문하세요! 내가 보는 것, 읽는 것, 아는 것에 대해서요. "이런 질문 해도 될까요?" 하는 걱정은 하지 않아도 좋아요.

활동

배경지식 활용해 질문해 보기

〈긴급 속보: 치와와를 키우면 감기에 안 걸린다!〉

유튜브에 새로운 영상이 올라왔어요. 영상의 제목이 흥미롭지요?

이 영상을 보고 어떤 질문을 떠올릴 수 있을까요? 자유롭게 이야기해 보세요.

소문 뒤의 진실

디지털 세상에는 진짜보다 더 진짜 같은 가짜 정보들이 가득해요. 가짜 정보로 우리를 속이려는 사람들도 너무 많아요.

아마 여러분은 이렇게 질문하고 싶을 거예요.

"그럼 도대체 무엇을 믿어야 하나요? 어떻게 하면 도움이 되는 좋은 정보와 우리를 속이려는 나쁜 정보를 구별할 수 있어요?"

아쉽게도 가짜 정보를 완벽하게 구별해 낼 방법은 없어요. 그래도 꽤 쓸모 있는 방법은 있답니다. 바로 어떤 정보를 믿기 전에 반드시 "누가 이 정보를 만들었을까?" 하고 질문하는 것이죠.

내가 보고 있는 정보를 처음으로 만들어 낸 사람, 그러니까 정보의 '출처'가 누구인지 확인해 보세요. 그리고 그 사람이 왜 그런 정보를 만들고 퍼 나르는지도 꼼꼼하게 따져 봐야 해요.

물건을 팔려는 걸까요? 아니면 사람들을 속여서 골탕 먹이고 싶은 걸까요? 나쁜 생각을 널리 퍼뜨리거나 순진한 사람들을 자기 편으로 만들려고 하는 것일지도 모르죠.

좋은 마음으로 의심하는 것은 좋은 일이에요. 돌다리도 두들겨 보고 건너라는 말처럼 신중한 선택을 위해 필요한 과정이지요. 튼튼한 돌다리인 줄 알았는데 알고 보니 허술한 볏짚 다리라면, 다리를 건너려다가 크게 다칠 수도 있으니까요.

자, 지금 보고 있는 이 글의 출처는 누구인가요?

때로는 열 가지를 봐야 해

내가 처음에 찾아 낸 정보가 완벽하게 정확하고 누구나 동의할 만한 답인 경우는 과연 얼마나 될까요?

정답이 딱 한 가지뿐인 문제라면 그럴 수도 있지만, 세상에는 여러 사람이 서로 다른 생각을 가질 수 있는 문제도 있어요. 또, 가짜 답이 몰래 숨어 있는 문제도 있지요.

이 세상에서 벌어지는 문제들은 늘 복잡해서, 언제나 여러 입장에서 가장 현명한 답이 무엇인지 고민해 봐야 한답니다. 특히 사람의 건강과 생명, 동식물의 안전과 권리, 환경 보호에 관련된 일이라면 더욱 그렇죠.

정보가 진짜인지 가짜인지 잘 따져 보기 위해서는 우선 정보의 출처가 어디인지 봐야 한다고 했었지요?

이때 출처인 웹사이트가 믿을 만한 곳인지 잘 모르겠다면, 같은 내용을 다룬 다른 웹사이트를 함께 확인해 보는 것이 좋아요. 내가 본 정보를 뒷받침해 주는 근거를 찾을 수 없다면 여러분이 본 것은 거짓이거나 정확하지 않을 가능성이 크거든요.

쉽게 눈에 보이는 것, 한 번 본 것만을 정답이라고 굳게 믿으면 가짜 정보 또는 한쪽으로 치우친 정보에 속기 쉬워요.

눈에 보이지 않는 숨겨진 것들을 찾아 여러 번 읽고 확인해 보세요. 다양한 웹사이트의 정보들을 서로 비교하면서 나만의 가장 좋은 답을 구해 보는 거예요.

5 알고리즘과 확증 편향

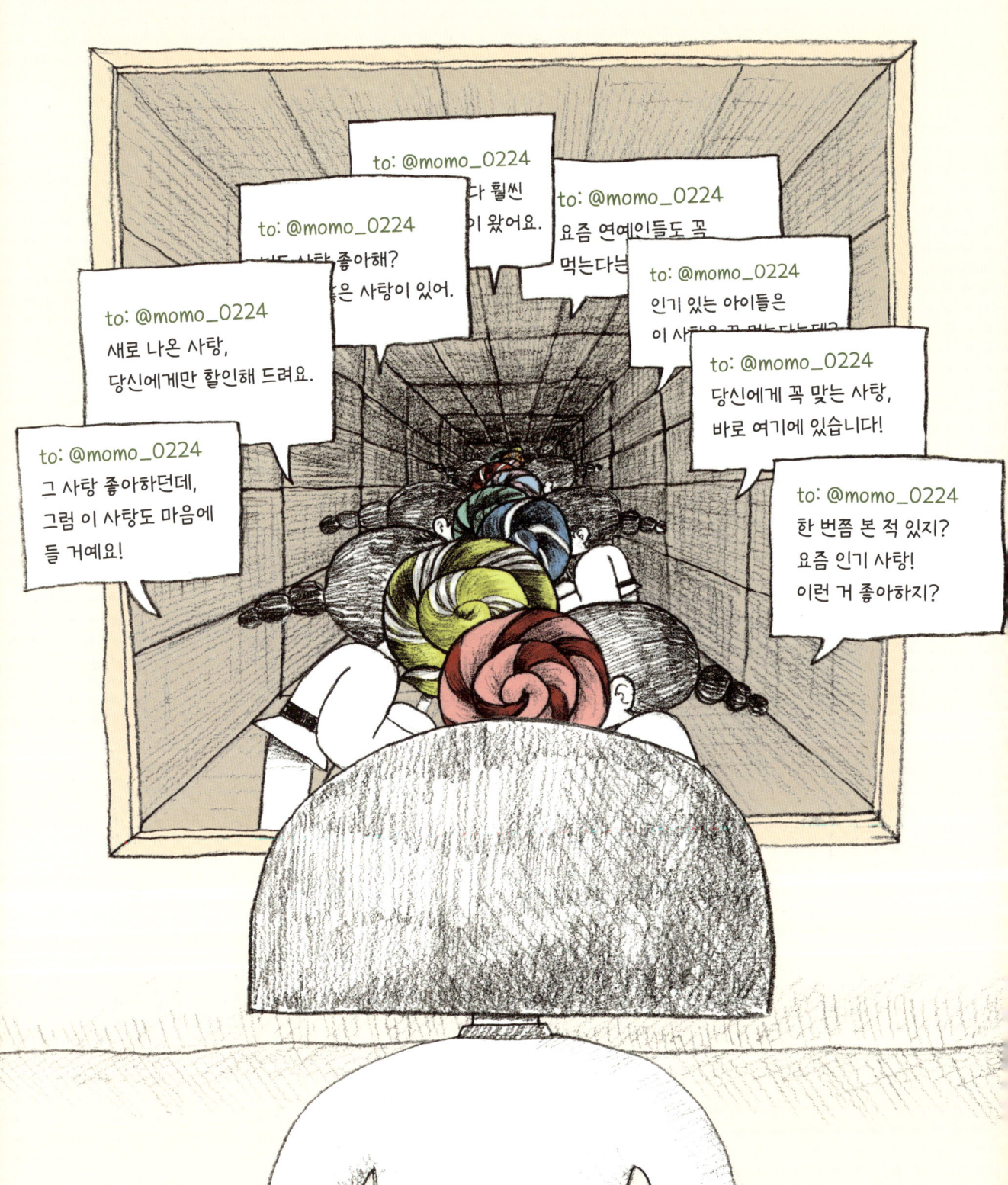

보는 것에 따라
내 마음도 변한다고?

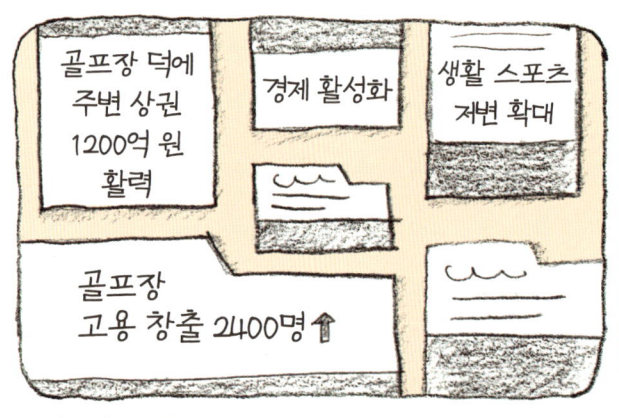

내 생각을 바꾸는 알고리즘

'인공 지능'이라는 말을 알고 있나요?

사람의 지능을 본떠서 만든 시스템을 인공 지능이라고 불러요. 인공 지능은 사람들이 만든 규칙에 따라 움직이는데, 이 규칙을 '알고리즘'이라고 하지요.

우리가 즐겨 쓰는 유튜브, 인터넷 검색창에도 인공 지능이 숨어 있어요.

인공 지능은 우리가 어떤 것을 검색하고 보고 찾는지 관찰하고 하나의 규칙으로 정리해서, 우리 각자에게 딱 맞는 알고리즘을 만들어 내요. 그리고 그 알고리즘에 따라 우리가 원하는 것, 우리가 좋아하는 것을 미리 알아내어 그것들만 보여 줘서 참 편리하지요.

그런데 내가 좋아하는 것, 원하는 것만 너무 오래 많이 보다 보면 내 마음이 한쪽으로 자꾸만 기울어지고, 내가 좋아하지 않는 것, 원하지 않는 것은 자꾸 나쁘다고 생각하게 돼요. 나도 모르는 사이에 생각이 점점 균형을 잃게 되는 거예요.

나중에는 마음속에서 "내가 맞아! 내 말만 옳아!"라는 목소리가 점점 강하게 들리고, 정말로 그렇다고 믿게 되지요.

세상 사람들이 모두 자신의 말만 옳다고 생각한다면 어떻게 될까요? 사람들은 서로를 이해하지 못하고 세상은 싸움으로 가득해질 거예요.

내 마음속 목소리가 고집을 피울 땐 "잠깐, 내 생각이 옳은 걸까? 다른 생각도 찾아 볼까?" 하고 열린 마음을 가져 보세요.

나만의 생각에서 벗어나 더 넓은 세상을 보는 거예요.

나의 디지털 문해력은 몇 점?

나를 속이려는 디지털 세상 속 가짜 정보들!
진짜와 가짜를 꿰뚫어 보는 나의 실력은 몇 점일까요?

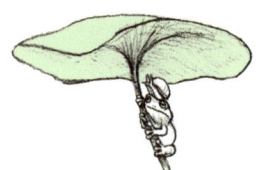

문제 1　　　　　　　　　　　　　　　2-3 출처 확인하기

인터넷에서 이런 글을 발견했어요. 이 기사, 믿을 만한 기사일까요?

> ## ○○ 식품 회사의 요구르트를 마시면 몸속 바이러스가 싹 사라진다!
> 글쓴이 ○○ 식품 회사 ☆☆☆ 사장

1. 이 기사의 출처는 누구인가요?

2. 이 기사를 쓴 사람은 무엇을 위해서 글을 썼을까요?

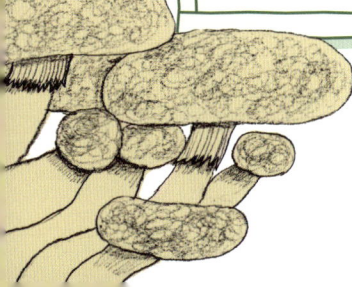

 **문제 2**　　　　　　　　　　　　　2-5 알고리즘과 확증 편향

1. 이 사람은 어떤 편견을 가지고 있나요?

2. 이 사람이 열린 마음을 가질 수 있게 어떤 말을 해 주면 좋을까요?

 **용어**

확증 편향　내 생각이 기울어져 있는데도 그것이 계속 옳다고 믿는 것을 '확증 편향'이라고 불러요. '편향'은 기울어져 있다는 뜻이고, '확증'은 무엇이 옳다고 생각하는 것이에요.

3장
인터넷, 안전하게 사용하자

내 마음에 귀 기울이기

게임, 영상, 광고 등 디지털 세상에서 우리가 접하는 모든 것을 '콘텐츠'라고 해요.

콘텐츠에는 등급이 있어요. 그 콘텐츠를 누가 볼 수 있고, 또 보면 안 되는지 제한한 기준이에요.

텔레비전 화면에서 '12'라고 적힌 노란 동그라미를 본 적 있나요? 그건 열두 살이 넘은 사람들을 위한 콘텐츠라는 뜻이에요. 열두 살이 안 된 어린이는 보호자와 함께 보아야 해요. '19'라고 되어 있으면 열아홉 살이 넘은 사람만, '전체 관람 가' 콘텐츠는 누구나 볼 수 있지요.

나이에 따라 볼 수 있는 콘텐츠를 따로 정해 두는 이유가 뭘까요? 그건 디지털 세상에 아무렇지 않게 거친 말과 나쁜 행동, 몸과 마음을 병들게 하는 영상과 이미지가 넘쳐 나기 때문이에요. 우리에게 아무런 도움도 되지 않고, 오히려 마음을 아프게 하는 나쁜 콘텐츠들이 어린이들의 마음에 상처를 줄 수 없도록, 등급을 매겨 어린이가 봐도 괜찮은 것과 아닌 것을 구분하는 것이지요.

가끔은 등급이 제대로 매겨지지 않은 콘텐츠도 있어요. 이런 것들이 보이면 어떻게 해야 하죠? 어떤 걸 볼 수 있고, 어떤 것을 보면 안 되는 걸까요?

그럴 땐 내 마음에 귀를 기울여 보세요. 만일 지금 내가 보고 있는 것이 나의 마음을 불편하고 아프게 한다면, 반드시 주변의 어른에게 알려야 해요. 그리고 앞으로 그런 콘텐츠를 또 보게 됐을 때 어떻게 할지 이야기를 나누도록 해요.

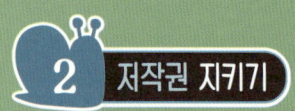
2 저작권 지키기

남의 것은 남의 것!

"여기 이 블로그 글을 내가 쓴 독후감에 붙여 써 볼까? 누가 썼는지가 뭐가 대수야!"

"와, 이 그림 학교 숙제로 내야겠다. 내 작품으로 바꿔치기해서!"

혹시 여러분도 이런 생각을 해 본 적이 있나요?

자기가 만든 것에 대해 가지는 권리를 '저작권'이라고 불러요.

작품(저작물)을 만든 사람(저작자)은 다른 사람이 자신의 작품을 함부로 나누거나(공유) 퍼뜨리고(배포), 더 많은 사람에게 보여 주고(전시·공연), 똑같이 만들어 보내지(복제·전송) 못하게 할 권리를 가져요.

그러니 내가 만들지 않은 만화, 내가 쓰지 않은 글, 내가 그리지 않은 그림을 내 맘대로 사용하는 것은 저작권을 침해하는 반칙인 셈이죠.

특히 남의 작품을 마치 자신의 작품처럼 몰래 베끼는 '표절'은 남의 물건을 훔치는 도둑질과 같아요.

세상에 디지털 도둑이 많아질수록 작품을 만들고 싶어 하는 사람들은 점점 더 적어질 거예요. 애써 멋진 작품을 만들어도 모두 훔쳐 가 버리니까요.

감동적인 글, 아름다운 그림, 신나는 음악을 계속해서 많이 누리고 싶은가요? 그렇다면 우리 모두 디지털 세상에서 저작권을 존중하고, 남의 것을 표절하지 말아야 해요.

자, 조금 더 감동적이고, 아름답고, 신나는 디지털 세상을 위한 한 걸음을 오늘부터 실천해 보아요!

쓰레기를 담아 두지 말자

인터넷을 사용하다 보면 종종 기분이 언짢아지는 댓글을 보지요.

몇몇 사람들이 글쓴이의 의도를 자기 멋대로 해석해서 나쁘게 표현하거나, 좋은 대화보다는 거친 싸움을 일으키는 '악플'을 달기 때문이에요.

악플이란 다른 사람의 글에 비방이나 험담하는 댓글을 다는 것을 말해요.

악플을 다는 사람들은 자기의 진짜 이름을 숨기고 다른 사람들을 헐뜯어요. 인터넷에서 만난 사람들을 존중하지 않고, 그저 웃음거리로 만들고 싶어 하는 나쁜 사람들이에요.

악플에 똑같이 악플로 대답할 필요는 없어요. 내가 먼저 기분 좋은 '선플'을 단다면, 디지털 세상이 조금씩 선한 댓글로 가득 차게 될 거예요.

활동

모두를 행복하게 하는 선플 달기

가희가 못된 악플에 시달리고 있네요. 기분이 상했을 가희를 선플로 위로해 주세요!

가희: 오늘 점심은 우동. 아, 맛있다! 난 냉면보다 우동이 더 맛있는 것 같아.

↳ 나라지킴이: 우동이 맛있다고요? 혹시 일본 사람인가요?

↳ 라라라라면: 우동 좋아하는 사람들은 성격도 별로던데. ㅋㅋㅋㅋ

↳

4 디지털 초상권

모두가 나를 알아봐

인터넷에서 본 애다.

사진보다 조그맣네.

움직이는 나뭇가지 사진 올린 애?

당당하게 NO!

저런, 친구가 말도 하지 않고 제멋대로 내 사진을 SNS에 올려서 마음이 불편하다고요?

사진은 함께 찍었지만, 내 사진을 허락 없이 인터넷에 올려도 괜찮은 걸까요? 괜히 나만 불편해하는 건지 걱정되나요?

이 상황에서 갖게 되는 불편한 마음은 매우 당연한 것이에요. 나의 '초상권'을 침해당한 거니까요.

성별, 나이, 인종 등에 상관없이 이 세상에 태어나 살아가는 모든 사람에게는 '내 얼굴과 모습이 마음대로 쓰이지 않을 권리', 그러니까 초상권이 있어요. 이 권리는 누구도 침해할 수 없지요.

누구든 다른 사람의 모습을 함부로 촬영하거나 사용하면 안 돼요.

특히 인터넷에 함부로 남의 사진을 올리는 건 매우 위험한 행동이에요. 디지털 세상에는 남의 모습을 이용해 돈을 벌려고 하는 나쁜 사람들이 있거든요. 숨기고 싶은 영상, 찍은 적도 없는 사진으로 다른 사람을 협박하고 억울한 누명을 씌우기도 하는 못된 사람들 말이에요. 모두 무거운 처벌을 받을 만한 나쁜 범죄예요.

친구가 내 사진을 마음대로 올렸을 때는 친구에게 당당하게 말해 보세요.

"얼른 내 사진 지워 줘!"

그리고 다시는 그런 일을 하지 않도록 분명하게 주의를 주는 것도 잊지 말고요.

5 개인 정보 보호하기

내 정보가 줄줄 새고 있다!

많이 바꿀수록 좋은 것

'시간이 금'이라는 말을 들어 보았나요? 시간이 금만큼 귀하니 소중하게 사용하라는 뜻이지요.

그런데 요즘 같은 디지털 시대에는 '정보가 금'이에요. 여러분에 관한 모든 정보가 금같이 가치가 있거든요.

나의 이름부터 사진, 생년월일, 주민 등록 번호, 전화번호, 다니는 학교와 집 주소 등 나에 관한 모든 정보를 '개인 정보'라고 불러요.

인터넷에서는 나도 모르게 개인 정보를 흘리기 쉬워요. 디지털 세상을 돌아다니다 보면 마치 공룡 발자국 같은 '디지털 발자국'이 남기 때문이지요.

공룡 발자국 화석을 보고 공룡의 종류와 크기, 어디서 어떻게 살았는지를 알 수 있듯이, 디지털 발자국을 따라가면 여러분의 개인 정보를 알 수 있어요.

디지털 세상에는 여러분의 디지털 발자국을 감시하며 개인 정보를 노리는 악당들이 숨어 있어요. 이런 사람들이 나의 개인 정보를 알게 되면 내 정보를 여러 가지 사이버 범죄에 이용할 수도 있어서 아주 위험해요.

개인 정보를 잘 지키려면 특히 아이디와 비밀번호를 정할 때 주의해야 해요. 아이디와 비밀번호는 디지털 세상으로 들어가는 열쇠니까요.

여러분의 비밀번호에는 똑같은 문자가 여러 번 들어가나요? 나와 가족의 생일, 이름 등 개인 정보를 이용해 비밀번호를 만들었나요?

그렇다면 지금 당장 비밀번호를 바꿔야 해요. 비밀번호는 주기적으로 바꿀수록 더 좋답니다.

6 스팸 메일과 피싱 범죄

띵동! 미끼가 도착했습니다

절대로 누르면 안 돼!

[보낸 사람] 알 수 없음
[제목] 무산쇠족제비 멸종 위기! 지금 바로 기부해 주세요.

"모르는 사람에게서 문자 메시지가 왔네? 왠지 끌리는데? 클릭할까, 말까? 답장을 보내도 될까?"

잠깐, 이럴 땐 무조건 멈추세요!

디지털 세상에는 욕심 가득한 악당들이 많아요. 내용을 확인하고 싶어지는 스팸 메일이나 메시지를 보내서 우리를 속이고 개인 정보를 빼돌리지요.

디지털 악당들이 사용하는 지능적인 속임수에는 이런 것들이 있어요.

피싱	다양한 방법으로 사람들을 가짜 홈페이지에 접속하게 해서 정보를 빼내요.
스미싱	메시지에 있는 링크를 클릭한 순간 악성 코드를 설치하여 나도 모르게 물건을 사게 하거나 정보를 훔쳐요.
파밍	정상적인 홈페이지에 접속하려는 사람을 강제로 가짜 홈페이지로 이동하게 하고 가둔 뒤 정보를 훔쳐 가요.
큐싱	사람들이 큐알 코드를 찍는 순간 그 안에 숨겨 둔 악성 코드로 정보를 빼 가요.

이런 일은 모두 순식간에 일어나요. 수상한 메시지를 누르는 순간 내 모든 정보를 빼앗길 수도 있어요.

악당들에게 당하지 않기 위해서는 꼭 기억하세요. 일단 멈춤!

안전한 디지털 생활을 위한 체크리스트

조심, 또 조심해야 하는 디지털 세상!
체크리스트를 보며 나의 디지털 안전을 점검해 보세요.

| 상황 1 | 3-1 콘텐츠 등급 |

나를 위한 건강한 콘텐츠를 찾고 있다면

지금 보려는 콘텐츠는 나에게 좋은 콘텐츠일까요?
아래 체크리스트를 이용해 간단하게 알아보세요!

- 듣기 거북한 말과 욕설을 한다 ☐
- 다른 사람을 헐뜯고 무섭게 한다 ☐
- 무언가를 심하게 부수고 망가뜨린다 ☐
- 부끄러울 정도로 자기 몸을 드러낸다 ☐
- 서로의 몸을 마구 만지고 불편하게 한다 ☐
- 내가 원하지 않는 행동을 따라 하라고 강요한다 ☐
- 돈 이야기나 '돈을 쉽게 벌 수 있다'는 말을 많이 한다 ☐
- 술이나 담배, 알 수 없는 약 같은 것들이 많이 나온다 ☐
- 지금 보고 있는 콘텐츠 때문에 마음이 불편하다 ☐

0개 내가 봐도 되는 건강한 콘텐츠예요.
1~3개 주변의 어른들과 함께 시청해야 해요.
4개 이상 삑! 보지 말아야 하는 나쁜 콘텐츠예요.

상황 2 3-3 악플에 대처하기

나의 마음을 아프게 하는 악플에서 벗어나고 싶다면

못된 댓글로 상처를 입었을 땐 아래 항목을 하나씩 실천해 보세요.
모두 해내고 나면 마음이 한결 가벼워질 거예요.

- 악플을 단 사용자 차단하기 ☐
- 나를 믿어 주는 사람들과 함께 있기 ☐
- 악플은 나와는 상관없는 악플러 개인의 생각임을 기억하기 ☐
- 나의 감정을 받아들이고 주변 사람들과 이야기하기 ☐
- 나 자신의 모습을 사랑하기 ☐
- 필요한 경우에는 주변 어른에게 도움 구하기 ☐

상황 3 3-6 스팸 메일과 피싱 범죄

디지털 악당들에게 당하고 싶지 않다면

교묘하게 우리를 속이는 디지털 악당의 퇴치 방법은 확인하고 또 확인하는 것뿐!
알 수 없는 연락이 왔을 땐 이 체크리스트를 잊지 마세요!

- 아는 사람에게서 온 메시지라도 한 번 더 확인하기 ☐
- 출처가 확실하지 않은 메일, 메시지, 파일 바로 삭제하기 ☐
- 메시지에 적힌 번호로 전화를 걸거나 링크를 누르지 않기 ☐
- 부모님의 동의 없이 나의 개인 정보를 입력하지 않기 ☐
- 무료로 콘텐츠를 이용할 수 있는 웹사이트 사용 자제하기 ☐
- 내 정보를 보호해 주는 비밀번호 주기적으로 바꾸기 ☐

4장
우리는 현명한 디지털 시민

중독에서 벗어나는 법

'세 살 버릇 여든까지 간다'는 속담을 들어 본 적이 있나요? 한번 잘못 든 습관은 평생 고치기 어렵다는 뜻이지요.

스마트폰을 비롯한 디지털 기기를 사용할 때도 처음부터 좋은 습관을 들이는 게 중요해요. 그래야 건강한 몸과 마음을 오래 지킬 수 있으니까요.

사실 건강한 미디어 습관이 필요한 것은 어린이들뿐만이 아니에요. 어른들도 때로는 여러분의 도움이 필요하답니다.

그러니 우리 가족만의 디지털 규칙을 만들자고 부모님께 먼저 이야기해 보세요. 스마트폰의 유혹에서 서로를 지켜 주는 가족이 될 수 있게요.

예를 들어, 이런 규칙을 세울 수 있어요.

하나, 바른 자세로 밝은 곳에서 사용하기! 특히 잠들기 전 침대에서 스마트폰을 사용하는 것은 깊은 잠을 방해하고 건강에도 좋지 않답니다.

둘, 스마트폰보다 재미있는 취미 활동 하기! 스마트폰이 생각나지 않을 만큼 즐거운 취미를 만들어 보세요. 스마트폰은 꼭 필요할 때만 간단하게 사용하는 게 좋아요.

셋, 때와 장소를 가리기! 아무 때나 아무 곳에서나 스마트폰만 들여다보는 것은 좋지 않아요. 가족과 함께 밥을 먹거나 대화할 때만큼은 스마트폰 생각을 잠시 접어 두세요. 가족은 나에게 가장 소중한 사람들이잖아요.

넷, 매 순간을 촬영하려 하지 않기! 모든 걸 사진으로 남길 필요는 없어요. 때로 추억은 눈으로 보고 마음에 깊이 새겨야 더 오래 간직할 수 있답니다.

2 디지털 정체성

어떤 게 진짜 내 모습일까?

모두 모두 소중한 나야

인터넷으로 친구들과 이야기를 주고받을 때 나도 모르게 원래의 내 말투와 다르게 말한 적 있나요? 또 SNS에서 평소와는 다르게 행동한 적은요? 학교에서의 내 모습과 인터넷에서의 내 모습, 둘 중 어느 것이 진짜 나일까요?

정답은 '그 모두가 나!'입니다.

디지털 세상에서 사람들은 자신의 좋은 면이 최대한 많이 드러나는 모습, 또는 다른 사람들이 "너는 그런 사람이야!"라고 말해 준 모습으로 변신해요. 그러니까 디지털 세상의 나는 '내가 보여 주고 싶은 나'인 셈이지요.

디지털 세상의 내가 진짜 나와 다른 것은 자연스러운 일이에요. 그렇지만 나다운 모습을 잃어서는 안 돼요. 나의 좋은 면만 보여 주려다 진짜 나를 잊게 될 수도 있거든요.

사람들에게 잘 보이려고 뜻하지 않게 진짜 나를 숨기고 있지는 않나요? 솔직한 내 모습이야말로 가장 소중하고 멋진 모습이란 걸 꼭 기억하세요!

활동 | 디지털 세상의 나를 소개합니다

인터넷 속 여러분은 어떤 사람인가요? 또 다른 내 모습을 소개해 보세요.

생김새	
	이름
	특징
	좋아하는 것
	싫어하는 것
	자주 하는 말

3 콘텐츠 크리에이터 되기

나도 디지털 세상에 뛰어들 수 있을까?

딱 한 발짝이면 돼!

인터넷에 재미난 콘텐츠를 만들어 올리는 사람들을 '콘텐츠 크리에이터'라고 해요. 크리에이터란 새로운 것을 만들어 내는 사람이라는 의미이지요.

여러분도 콘텐츠 크리에이터가 되어 보고 싶다고요?

좋아요! 글이나 그림, 사진도 좋고, 영상도 좋지요. 누구나 콘텐츠 크리에이터가 될 수 있어요. 딱 한 발짝만 내디디면 된답니다.

좋은 크리에이터가 되려면, 간단한 질문 몇 가지로 시작하면 돼요.

나는 왜 이걸 만들고 싶은 것일까? 나는 무엇을 이야기하고 싶은 것일까? 여기에 어떤 내용을 넣어야 할까? 이 이야기를 어떻게 표현하면 좋을까?

여기서 한 발짝만 더 나아가 볼까요?

정말 좋은 크리에이터가 되려면, 나뿐 아니라 다른 사람도 생각해야 해요.

나의 호기심도 중요하지만, 다른 사람에 대한 배려도 중요해요. 나의 글, 그림, 사진, 영상이 다른 사람에게 피해를 주면 안 돼요.

이번엔 정말 정말 좋은 크리에이터가 되는 마지막 한 발짝을 알려 줄게요.

정말 정말 좋은 크리에이터는 자기 자신을 중요하게 생각해요. 표현하고 싶은 것을 마음껏 표현하면서도 스스로의 안전을 지키려고 노력하지요.

방법은 간단해요. 앞서 배운 것처럼 초상권, 저작권, 개인 정보 등을 잘 보호하면 돼요. 그러면 여러분도 상처받지 않고, 여러분의 작품이 널리 퍼질 수 있답니다.

어때요, 쉽죠? 정말로 딱 한 발짝이면 된다니까요!

4 인터넷 예절 지키기

이심전심 QUIZ

보이지 않으면

보이지 않는 만큼 친절하게

가는 말이 고와야 오는 말이 곱다, 말 한마디에 천 냥 빚도 갚는다, 입은 비뚤어져도 말은 바로 해라……. 모두 대화 예절이 얼마나 중요한지 보여 주는 속담들이에요.

실생활에서만큼, 디지털 세상에서도 대화 예절은 정말 중요해요. 인터넷에서는 멀리 떨어진 채 대화해야 해서 오해가 쌓이는 경우가 많지요. 표정도, 목소리도, 몸짓도 볼 수 없으니 서로의 말을 비뚤게 듣기 쉽거든요.

이런 오해를 피하려면 이렇게 해 보세요.

인터넷에 글을 쓸 때 최대한 다정한 언어, 친절한 말투를 사용해 보세요. 내 표정이 보이지 않아도 마음이 전달될 수 있도록요.

또 확실하고 쉽게 읽히도록 신중하게 써야 해요. 너무 길게 쓰거나 필요 없는 말을 적어서 상대방을 헷갈리게 하는 것은 좋지 않아요.

근거 없이 다른 사람의 말을 비뚤게 받아들이지 말고, 항상 한 번 더 읽고 확인하세요. 상대의 말을 잘 이해하려는 노력이 중요해요.

인터넷 커뮤니티마다 서로 다른 특징과 규칙이 있다는 것도 알고 존중해야 해요. 어떤 곳은 반말과 존댓말을 잘 구별해 사용하는 것이 규칙일 수 있지요. 정해진 규칙에 따라 커뮤니티의 다른 사람들과 즐겁게 대화를 나눠 보세요.

인터넷에서 예절을 지킨다고 해서 누가 상을 주는 건 아니지만, 대가 없이 스스로 예절을 지키고 실천하는 사람이야말로 디지털 세상을 살맛 나게 만드는 주인공이 될 수 있다는 사실, 우리 모두 잊지 말아요!

5 미디어 속 혐오

저 색 좀 봐!

쟤랑은 놀지 말자.

어휴, 너무 싫어!

왜 저런 색을 입었지?

다름을 인정하는 마음

'혐오'라는 말, 들어 보았나요?

혐오는 누군가를 미워하고 싫어하는 감정을 말해요.

세상에는 자신과 생김새, 의견, 문화 등이 다르다는 이유로, 또 가끔은 아무 이유도 없이 다른 사람을 무시하고 혐오하는 사람들이 있어요. 일상생활뿐만 아니라 디지털 세상에도 말이에요.

문제는, 인터넷에서는 다른 사람을 혐오하는 말과 글이 더욱 빠르게, 멀리 퍼진다는 거예요.

인터넷에 혐오를 표현하는 콘텐츠가 퍼지다 보면, 혐오 표현을 장난처럼 생각하거나, 자신이 인터넷에서 본 표현이 혐오 표현인 줄도 모르고 사용하는 사람들도 생겨요.

하지만 혐오는 절대로 장난이 아니에요. 내가 무심코 던진 말에 누군가는 큰 상처를 받을 수도 있어요. 이 세상 어느 누구에게도 다른 사람을 아프게 할 권리는 없어요.

혐오의 반대말은 무엇일까요?

그건 바로 '포용'이에요. 다른 사람을 너그럽게 감싸 주고 받아들인다는 뜻이지요.

여러분, 디지털 세상에 혐오가 아닌 포용을 널리 퍼뜨려 주세요. 우리 모두 힘을 합쳐, 서로 싸우고 다투고 무시하는 세상이 아닌, 아껴 주고 이해하고 돕고 나누는 따뜻한 세상을 만들어 보아요.

6 디지털 시민 참여

세상을 바꾸는 인터넷

모두의 손길이 모여

인간은 사회적인 동물이라고 말하지요. 그건 우리가 사회를 이루어 그 안에서 다른 사람들과 함께 생각하고 대화하고 일하고 살아가기 때문이에요.

다시 말해, 우리는 혼자서 살아가는 개인인 동시에 한 사회의 구성원이에요. 가족의 구성원, 학교의 구성원, 도시의 구성원이죠.

이러한 사회의 구성원을 '시민'이라고 불러요. 시민들이 좋은 생각과 행동을 할 때 사회는 더 나은 곳이 될 수 있어요. 시민들이 자신이 사는 사회를 더 좋게 만들기 위한 일에 적극적으로 참여하는 것을 '시민 참여'라고 해요.

환경을 지키기 위해 쓰레기 분리수거를 잘하는 것, 교통 법규를 준수하는 것, 선거 날 투표를 하는 것, 학급 회의에서 의견을 나누는 것 모두 시민 참여의 일종이에요.

디지털 세상에도 디지털 사회가 잘 유지되고 아름답게 발전할 수 있도록 발 벗고 나설 수 있는 디지털 시민들이 필요해요. 그리고 그들의 참여도요.

꼭 거창할 필요는 없어요. 가장 좋은 디지털 시민 참여는 디지털 공간에서 사람들에게 도움이 되는 생각을 나누는 일이에요. 좋은 글과 표현으로 좋은 생각을 나누는 것은 현명한 디지털 시민이 되는 간단하지만 효과적인 방법이랍니다.

착한 일을 한 주변 사람을 칭찬하는 '칭찬 해시태그', 루게릭병 환자들을 위해 기부금을 모금하는 '아이스 버킷 챌린지', 코로나19로 고생하는 의료진들을 응원하는 '덕분에 챌린지'처럼 사람들이 쉽고 즐겁게 참여할 수 있는 캠페인을 시작해 보는 건 어떨까요?

7 삶과 미디어의 균형

슬기로운 미디어 생활, 최고의 비결은?

주변을 둘러보세요

디지털 기기와 디지털 미디어, SNS, 콘텐츠 플랫폼. 이런 것들이 필요한 이유는 무엇일까요?

정답은 '우리 모두가 더 즐겁고 편안한 삶을 살기 위해서'입니다.

그렇지만 아무리 스마트폰이 편리하고, 유튜브가 재미있고, 친구와 메시지를 주고받는 것이 즐겁다 해도, 그것이 우리의 일상을 망치고 있다면 그게 다 무슨 소용이 있을까요?

스마트폰만 바라보며 길을 걷다 넘어져 다치거나, 친구와 만났을 때 서로 각자 보고 싶은 영상만 들여다본다면 그건 즐거운 디지털 생활이 아니에요.

즐거운 디지털 생활은 디지털 미디어를 사용하는 나의 습관과 마음가짐에 대해 항상 고민하고 돌아보는 것에서 시작돼요.

디지털 미디어가 우리 생활의 안전과 행복을 해치고 있지 않은지 언제나 주의해야 해요.

가끔은 스마트폰을 내려놓고 주변을 둘러보세요. 스마트폰을 하는 것보다 더 가치 있는 것들이 내 곁에 있을 거예요. 책을 읽고, 운동을 하고, 친구들과 뛰어놀고, 가족과 눈을 맞추고 대화하는 시간처럼요.

내 일상의 소중한 순간들을 충분히 즐겨야만 현명하고 건강하고 친절하고 명랑한 디지털 시민이 될 수 있다는 점을 잊지 마세요. 이렇게 꾸준히 하면, 나와 다른 사람, 생명과 환경, 지구를 위해 디지털 미디어를 사용하는, 조금 더 성숙한 사람이 되어 디지털 생활과 일상의 균형을 찾아 가게 될 거예요.

우리 가족 스마트폰 이용 규칙

모모네 가족이 스마트폰 이용 규칙을 새로 세웠대요.
우리 가족도 모모네를 따라 규칙을 정해 볼까요?

4-1 미디어 습관 바로잡기

모모네 스마트폰 이용 규칙

우리 가족 모두는 앞으로 스마트폰을 사용할 때 이렇게 하겠습니다.

1. 길을 걸으며 스마트폰 사용하지 않기.

2. 집에서는 스마트폰을 딱 30분만 사용하기.
   (저녁 6시부터 8시 사이에만!)

3. 스마트폰이 꼭 필요할 때는 부모님께 허락받기.
   (엄마도 모모에게 허락받기!)

4. 스마트폰 사용 전, 거실에서 서로 30분 이상 대화하기.

5. 식사할 때는 절대 스마트폰 쓰지 않기.

우리 가족 모두 위 규칙을 꼭! 지킬 것을 약속합니다.

가 족   모두
어린이   모모

_____네 스마트폰 이용 규칙

우리 가족 모두는 앞으로 스마트폰을 사용할 때 이렇게 하겠습니다.

1.

2.

3.

4.

5.

우리 가족 모두 위 규칙을 꼭 지킬 것을 약속합니다.

가 족 _____
어린이 _____

디지털 세상 지킴이 임명장

이름 _____

위 어린이는 『어린이를 위한 디지털 문해력』을 읽고

디지털 문해력의 모든 것을 깨우쳐

현명한 디지털 시민이 될 준비를 모두 마쳤기에

디지털 세상 지킴이로 임명합니다.

_____ 년 ____ 월 ____ 일

모모와 우주

어린이를 위한
디지털 문해력

1판 1쇄 인쇄 2025년 2월 27일
1판 1쇄 발행 2025년 3월 19일

글 조병영
그림 이리
펴낸이 김영곤 **펴낸곳** ㈜북이십일 아울북

기획개발 정유나 **프로젝트4팀** 김미희 정윤경 **마케팅** 전연우 **디자인** 박지영
아동마케팅팀 명인수 양슬기 손용우 이주은 최유성
영업팀 변유경 한충희 장철용 강경남 황성진 김도연
제작팀 이영민 권경민

출판등록 2000년 5월 6일 제406-2003-061호
주소 (우 10881) 경기도 파주시 문발동 회동길 201
대표전화 031-955-2100
팩스 031-955-2122
홈페이지 www.book21.com

ⓒ조병영·이리, 2025
이 책을 무단 복사·전재하는 것은 저작권법에 저촉됩니다.

ISBN 979-11-7357-062-9 73300

* 책값은 뒤표지에 있습니다.
* 이 책 내용의 일부 또는 전부를 재사용하려면 반드시 ㈜북이십일의 동의를 얻어야 합니다.
* 잘못 만들어진 책은 구입하신 서점에서 교환해 드립니다.
* 이 책에는 '피플퍼스트 또박체' 글꼴이 사용되었습니다.

• 제조자명 : ㈜북이십일		• 제조연월 : 2025. 3
• 주소 : 경기도 파주시 회동길 201(문발동)		• 제조국명 : 대한민국
• 전화번호 : 031-955-2100		• 사용연령 : 4세 이상 어린이 제품

★ 저학년 어린이들의 일상을 바꿔 주는 ★
아울북 도서를 소개합니다!

이다희 선생님과 함께하는 긍정 말하기 프로젝트
마음에 용기를 주는 어린이 긍정 확언

우리의 오늘을 빛나는 자신감으로 채워 줄
도전과 성장, 용기의 60가지 문장들!
매일 한 문장씩 소리 내어 읽다 보면
마법 같은 변화가 찾아온대요.
지금 바로 긍정의 주문을 외쳐 보세요.

정답보다 중요한 나만의 생각 찾기
철학 안경

"내 진짜 생각을 알리려면, 어떻게 해야 할까?"
철학 안경을 쓰고 생각의 숲으로 탐험을 떠나요!
다양한 질문에 대해 내 생각을 곱씹고
모두와 대화를 나누어 보아요.
새로운 생각의 세계가 눈앞에 펼쳐질 거예요.

© Yoshiko Sugahara, Hiromi Nagashima, Tetsuya Kono / Poplar